EMILIO CASTELAR

ET LA

QUESTION ARMÉNIENNE

ARTICLE 61 DU TRAITÉ DE BERLIN DE 1878 :

« La Sublime Porte s'engage à réaliser, sans plus
de retard, les améliorations et les réformes
qu'exigent les besoins locaux dans les provinces
habitées par les Arméniens et à garantir leur
sécurité contre les Circassiens et les Kurdes. Elle
donnera connaissance périodiquement des mesures
prises à cet effet aux puissances qui en surveille-
ront l'application. »

PARIS

IMPRIMERIE ET LIBRAIRIE CENTRALES DES CHEMINS DE FER

IMPRIMERIE CHAIX

SOCIÉTÉ ANONYME AU CAPITAL DE SIX MILLIONS

Rue Bergère, 20

1887

EMILIO CASTELAR

ET LA

QUESTION ARMÉNIENNE

ARTICLE 61 DU TRAITÉ DE BERLIN, DE 1878 :

« La Sublime Porte s'engage à réaliser, sans plus
» de retard, les améliorations et les réformes
» qu'exigent les besoins locaux dans les provinces
» habitées par les Arméniens et à garantir leur
» sécurité contre les Circassiens et les Kurdes. Elle
» donnera connaissance périodiquement des mesures
» prises à cet effet aux puissances qui en surveille-
» ront l'application. »

PARIS

IMPRIMERIE ET LIBRAIRIE CENTRALES DES CHEMINS DE FER

IMPRIMERIE CHAIX

SOCIÉTÉ ANONYME AU CAPITAL DE SIX MILLIONS

Rue Bergère, 20

1887

PRÉFACE

Neuf ans se sont écoulés depuis que les grandes puissances réunies en Congrès ont recueilli les vœux de la nation Arménienne et se sont engagées à la doter d'institutions conformes à ses besoins les plus urgents comme à ses droits traditionnels.

L'on avait émancipé les Bulgares, agrandi le territoire de la Grèce et du Monténégro, proclamé l'indépendance de la Roumanie et de la Serbie et il semblait que l'œuvre de réparation inaugurée sous de tels auspices eût été incomplète, qu'à certains égards même elle aurait eu l'odieux d'un déni de justice, si l'on n'y avait associé un sixième groupe chrétien non moins digne d'intérêt que les autres, car au milieu des mêmes vicissitudes, assujettis et morcelés comme leurs frères d'Orient, comme eux aussi, les Arméniens avaient gardé intacts leur langue, leur foi, leurs mœurs et le souvenir d'un long et glorieux passé !

Aujourd'hui, par un concours d'événements habilement mis à profit, non seulement aucune amélioration ne s'est produite dans la condition des sujets ottomans visés par l'article 61 du traité de Berlin de 1878, mais il n'est que trop certain que leur situation a empiré et que le joug musulman s'est appesanti plus lourdement sur eux.

Fidèle aux errements d'une politique qui a si longtemps frustré les chrétiens de l'égalité sociale et administrative, mais plus heureuse dans ses entreprises, la Porte ne s'est pas seulement appliquée à éluder les promesses que les circonstances lui avaient imposées. S'autorisant de complications successives qui avaient sollicité ailleurs l'attention de la diplomatie occidentale, elle s'est ingéniée à isoler ses provinces arméniennes de tout contrôle, à s'y ménager les coudées franches et ayant à peu près réussi à faire le silence autour d'elles, elle a pris à tàche d'y comprimer tous les ressorts de la vie matérielle et morale.

Fermeture d'écoles et d'imprimeries, expulsion de professeurs et d'étudiants jugés suspects ou dange-reux, détentions préventives maintenues des mois et des années sans interrogatoire, exactions des fonctionnaires et des collecteurs d'impôts, inégalité dans le service des corvées, inadmissibilité du témoignage des chrétiens en justice, persistance des tribunaux mixtes, dits *réglementaires*, à juger d'après le *Chéri* et non d'après la loi civile, extorsions pratiquées sous mille formes sur le paysan réduit à vendre ses terres ou à détruire ses cultures ou à s'expatrier, faiblesse ou insouciance des autorités à l'égard des tribus voisines vouées au brigandage et à l'assassinat, tels sont en abrégé les méfaits dont il semble que le gouvernement turc se soit fait un système et qu'une enquête ne tarderait pas à vérifier, si les gouvernements européens jugeaient à propos d'y concourir.

Un dernier attentat a mis le comble à l'arbitraire sans frein d'un pouvoir haineux et pour ainsi dire affolé. Parmi les privilèges que leur reconnaît leur constitution, celui dont les Arméniens se montrent le plus jaloux porte sur l'élection libre de leurs conseils et de leurs hauts dignitaires ecclésiastiques. Il y a sept mois, le Divan s'avisa de substituer un prélat de son choix, c'est-à-dire un fonctionnaire à sa dévotion, à l'archevêque de la province de Van dont la popularité lui faisait ombrage et qu'il avait mandé à Constantinople.

Mgr Mequerditch Kherimian avait représenté ses nationaux au Congrès de Berlin; il était aux yeux de la Porte la personnification odieuse d'un traité désastreux et c'est sans doute le délégué patriote que l'on voulait frapper.

Au jour fixé pour la nomination des membres du conseil départemental auquel appartient notamment l'élection de l'archevêque, des troupes musulmanes envahirent et occupèrent les cours des quatre principales églises de Van où le scrutin devait avoir lieu.

La population exaspérée protesta contre cette viola-
tion sacrilège *des abords de ses temples* où il s'en-
suivit une collision sanglante qui eut pour épilogue
une centaine d'arrestations opérées surtout dans le
personnel des écoles. Des vieillards inoffensifs furent
même incarcérés *comme otages* en attendant la cap-
ture *de leurs fils ou de leurs parents* désignés
comme les chefs de l'insurrection.

La presse européenne, malgré les rigueurs de la
censure ottomane, publia un premier récit des scènes navrantes du 4 juillet 1886. L'opinion publique
s'en *émut, notamment en Angleterre*, et le gouvernement de la Reine, se prévalant des engagements
particuliers contractés par ses plénipotentiaires au
Congrès de Berlin, adressa au gouvernement turc,
le 16 août, un mémorandum dans lequel il lui re-
présentait l'urgence des réformes arméniennes solennellement promises en 1878.

Ainsi rappelé à ses devoirs les plus stricts, le
Divan jugea devoir user de prudence et, proclamant
l'amnistie comme en 1876 à la suite de l'insurrection de l'Herzégovine, il fit élargir les détenus de
Van. Mais à quelque temps de là, plusieurs de ces
derniers se virent réintégrés dans leurs cachots ou
exilés, sans qu'aucun nouveau délit pût être allégué
contre eux.

Ces faits se passent de commentaires.

Dans leur détresse, les chrétiens d'Asie, victimes
désarmées de l'oppression musulmane, n'ont d'autres ressources que d'en appeler aux grandes puissances chrétiennes en invoquant tout à la fois le
droit conventionnel et le Droit humain.

Au sein d'une récente assemblée diplomatique, à
la Conférence africaine de Berlin, l'on a vu se manifester avec une spontanéité et un accord sans pré-
cédents, ce sentiment de solidarité humaine qui, non
seulement proscrit toute violence injuste à l'égard
des peuples inférieurs, mais qui tend aussi à leur
assurer le bénéfice d'une protection internationale.

N'est-il pas affligeant pour la conscience moderne
qu'un peuple chrétien, confinant à l'Europe et dont
l'histoire se confond avec celle des nations les plus
avancées de l'occident, en soit venu à réclamer aujourd'hui des gouvernements chrétiens les garanties

sociales qu'ils ont solennellement stipulées en 1885 *en faveur des tribus sauvages du continent noir?*

Car, si l'on excepte de leurs revendications les immunités constitutionnelles dont ils devraient jouir, les Arméniens demandent avant tout le respect des lois primordiales qui sont pour tout homme et pour tout citoyen la sauvegarde de sa vie, de son honneur, de ses biens et de sa foi nationale.

Un groupe d'Arméniens qui s'est constitué en *Association Patriotique* a reçu le mandat de revendiquer par tous les moyens légaux de propagande *l'autonomie administrative* dont le principe a été reconnu et posé au Congrès de Berlin. Les membres de cette délégation n'entendent user dans l'accomplissement de leur tâche d'autre arme que de la publicité, s'imposant comme premier devoir d'éclairer l'opinion publique sur les souffrances et sur les aspirations de leur malheureux pays. C'est dans cette pensée qu'ils publient ce recueil, expression vivante des sympathies dont la cause arménienne est l'objet dans le monde de la diplomatie, des sciences, des lettres et du journalisme européen.

Puissent ces témoignages éclatants d'adhésion et de confiance éveiller la sollicitude des grandes puissances et concourir à la réalisation des vues humanitaires qui les ont inspirées en 1878!

Paris, en mars 1887.

E. E.

INTRODUCTION

L'ARMÉNIE ET L'ALLIANCE GRÉCO-LATINE

Parmi les peuples qui devront faire partie de la Grande Fédération Méditerranéenne, il en est un aux confins de l'Europe, en Asie, qu'on ne peut omettre, c'est le peuple arménien, qui n'a cessé dès le xₑ siècle de faire partie de l'Alliance latine et qui a même disparu de la carte politique, comme royaume indépendant, en combattant pour cette cause sainte.

On ne se souvient presque plus aujourd'hui, en Occident, des grands services qu'a rendus à l'humanité entière et à la civilisation notre petit royaume de la Cilicie, que des fugitifs de la Grande-Arménie, tombée sous le fer des Seldjoucides, venaient de former, aux dépens des Grecs, dans les gorges profondes du Taurus. Mais si les Latins ont oublié les relations fraternelles qui les unissaient au moyen-âge aux Arméniens, ceux-ci n'ont pas cessé de diriger leurs regards de leur côté, ni d'espérer avec confiance leur salut de leur intervention. Hier encore, comme à la mort de Victor Hugo, le 16 mai dernier, une grande manifestation des Arméniens se faisait dans ce but à Saint-Denis, sur la tombe du dernier roi d'Arménie, Léon V, qui appartenait à la famille française des Lusignan.

Nous avons reçu à bras ouverts, chez nous, les Godefroy de Bouillon, les Baudouin de Flandre, les Jean de Brienne, les saint Louis, etc., avec qui nous avons combattu sur tous les champs de bataille. En peu de temps, le petit royaume de la Cilicie fut peuplé par autant de Latins que d'Arméniens, et de nombreuses alliances se formèrent alors entre les plus illustres familles françaises et latines et la noblesse arménienne. Les marchands de toutes les

nations maritimes et commerciales de l'Europe y
affluèrent aussi, attirés par le trafic des plus pré-
cieuses denrées de l'Orient, dont les ports de la
Cilicie étaient le débouché. On peut consulter sur ce
point les privilèges que nous avions concédés aux
commerçants génois, vénitiens, pisans, siciliens, pro-
vençaux et particulièrement aux marchands de Montpellier. Les titres en sont conservés dans les archives
de Gênes, Messine et Montpellier.

Par cette attitude, nous nous étions attiré la haine de
tous les ennemis des Latins, qui nous considéraient
comme la victime qui devait périr pour les venger
des Occidentaux. En sorte que, lorsque les princes
européens eurent renoncé aux expéditions lointaines,
nous nous sommes trouvés seuls en présence d'un
ennemi vingt fois supérieur. Léon V, après avoir
résisté à plusieurs reprises aux Egyptiens et réclamé
vainement le secours de ses alliés, à bout de ressources dans la forteresse de Sis, se rendit à discré-
tion (1375) après neuf mois de siège. Et le royaume
d'Arménie n'exista plus.

Léon fut conduit au Caire et jeté en prison. Après
six ans de captivité, la générosité du roi de Castille
lui valut la liberté. Il voulut alors se rendre à
Rome et en Espagne pour remercier son bienfai-
teur. De là, il passa en France et sollicita les bons
offices de Charles VI pour recouvrer ses Etats. Le
roi de France le reçut avec les honneurs dus à son
rang et lui promit en même temps que, la guerre
d'Angleterre une fois terminée, il l'aiderait à recon-
quérir son royaume. Charles VI mit à sa disposition
le palais de Saint-Audoin (Ouen) près de Saint-Denis et
lui servit un large traitement. Pour reconnaître les
bienfaits du roi de France, Léon offrit sa médiation
auprès du monarque anglais, Richard II. Elle fut
acceptée. Il partit pour Londres avec une suite ma-
gnifique. Le peuple anglais lui fit un accueil sympathique et le Parlement cédant à ses représentations,
envoya des plénipotentiaires à Boulogne-sur-Mer
pour s'entendre avec ceux de la France sur les
conditions de la paix. Léon répétait alors ces mots :
« *Que le salut des chrétiens d'Orient dépendait de l'alliance
de la France et de l'Angleterre.* »

Malheureusement pour les Arméniens, les exigences

de Richard mirent obstacle au succès de ces négociations, et les espérances de Léon furent déçues. Le roi d'Arménie mourut à Paris le 29 novembre 1393. Il logeait alors au palais des Tournelles, près de la résidence habituelle des rois de France. Son corps fut inhumé au couvent des Célestins, puis transporté, en 1789, dans la sépulture royale de Saint-Denis, où il repose aujourd'hui. Après la mort du dernier roi d'Arménie, qui ne laissait pas d'héritier, le titre honorifique de roi d'Arménie passa aux Lusignan de Chypre et, plus tard, à l'extinction de cette branche, il passa dans la maison de Savoie, où il est encore de nos jours.

L'alliance arméno-latine ne repose donc pas seulement sur de simples questions de sympathie, mais sur des faits historiques réels et sur des intérêts vitaux. Et qu'on ne pense pas que ce peuple est insignifiant ou sans histoire. Encore aujourd'hui, au nombre de six millions, il tient la première place parmi les nationalités de l'Orient et fait le commerce de toute l'Asie jusqu'aux Indes. Quant à sa patrie, elle est un de ces pays où chaque pas qu'on fait éveille un souvenir classique; c'est lui que les traditions bibliques nous montrent comme le berceau du genre humain: c'est dans cette région que les historiens se plaisent à placer le paradis terrestre; c'est là qu'on fait arrêter l'arche de Noé; c'est là que les Argonautes allèrent chercher la toison d'or; c'est là que les botanistes croient avoir retrouvé la patrie d'espèces nombreuses, entre autres la vigne et le poirier; c'est de là que le gourmand Lucullus a rapporté la cerise; c'est de là que vient le faisan; ce sont les montagnes de ce pays que les Dix Mille ont traversées dans leur fameuse retraite, et c'est enfin là que les géographes montrent le centre de la terre.

Au point de vue stratégique, militaire et commercial, l'Arménie domine tout le littoral de la Méditerranée et toute l'Asie, et commande, par terre, le canal de Suez et la route des Indes. Elle a trois grands débouchés sur la Méditerranée, la Caspienne et la mer Noire. Elle renferme dans son sein de riches mines d'or, d'argent, de cuivre, etc., et possède trois grands lacs, celui de Van, dans l'Arménie turque, celui d'Ourmiah, dans l'Arménie persane et celui de Sewanga dans l'Arménie russe. Elle est sillonnée dans tous les sens par plusieurs grands fleuves : l'Euphrate, le Tigre, l'Araxe, le Kour, le Tchorok, le Kizil-Irmak...

D'après les derniers rapports du consul de France, il passe annuellement par Alexandrette, en face de Chypre, de 40 à 45 millions de francs en marchandises d'importations et de 25 à 80 millions en marchandises d'exportation. Par Trébizonde, se fait tout le commerce de la Perse et de l'Asie ; il y passe annuellement de 43 à 50 millions de francs en marchandises d'importation, dont 17 millions pour la Perse, et de 24 à 30 millions de francs en marchandises d'exportation, dont 4 millions pour la Perse.

L'importance de ce mouvement mérite assurément d'attirer l'attention la plus sérieuse des Gréco-Latins et des partisans de *l'Union douanière méditerranéenne*. Nous espérons donc que bientôt le titre d'Alliance arméno-gréco-latine sera substitué à celui d'Alliance gréco-latine.

Quant aux aspirations des Arméniens, elles sont des plus simples : elles sont à la fois logiques, très modérées et de celles auxquelles toutes les âmes généreuses et libérales ne peuvent que prêter leur concours le plus actif. Les Arméniens n'aspirent pas à une indépendance politique, ils ne demandent qu'une chose bien légitime, ils veulent un droit à la vie, pour pouvoir vivre en sécurité chez eux et pour ouvrir au commerce du monde entier une terre des plus fertiles du monde, qui est aujourd'hui plongée dans la misère et dans la désolation. En un mot, ils réclament et ils réclameront de toutes leurs forces et par toutes les voies légales la réalisation de l'autonomie administrative et locale que leur accorde l'article 61 du traité de Berlin pour la région turque, qui est la plus malheureuse, et où se trouve assurément le centre de gravité de l'élément arménien et où on rencontre l'agglomération la plus forte de la nationalité Haïgane.

JEAN BROUSSALI,
Secrétaire de l'Association Patriotique Arménienne.

EMILIO CASTELAR

ET LA

QUESTION ARMÉNIENNE

I

BANQUET DE L'HOTEL CONTINENTAL

DU 4 NOVEMBRE 1886

L'*Association patriotique arménienne* ayant été infor-
mée que l'*Alliance gréco-latine* se proposait d'offrir un
banquet à **M.** Emilio Castelar, le 4 novembre 1886,
a sollicité et obtenu l'honneur de participer à cette
fête fraternelle et de venir saluer, au milieu de ses
admirateurs, l'éloquent et généreux défenseur des
peuples opprimés.

Avant que les convives réunis à l'Hôtel Continental
se rendissent dans la salle du banquet, les membres de l'Association arménienne se présentèrent en
corps devant **M.** Emilio Castelar, précédés de la
bannière nationale, au dragon ailé vomissant des
flammes et aux couleurs tricolores (rouge, vert et
blanc), et **M.** Jean Broussali, secrétaire, prononça
l'allocution suivante :

« Illustre Maître, voici les enfants de l'Arménie
qui viennent demander à l'un des plus éminents
partisans de l'*Union douanière méditerranéenne* une
place, pour leur patrie, dans l'Alliance gréco-latine.
Sans doute, ce que nous pouvons vous apporter aujourd'hui c'est peu de chose, mais avec le puissant
concours de l'Alliance gréco-latine, nous espérons
pouvoir vous être d'une grande utilité. On oublie
peut-être un peu trop les services qu'a rendus jadis

l'Arménie au monde civilisé; mais le port d'Alexandrette, en face de Chypre, est encore aujourd'hui un des plus importants des ports de la Méditerranée. Il fut un temps où le commerce du monde entier y passait. Par ce débouché, on peut dire sans exagération qu'on peut commander le commerce de tout l'Orient.

» Nous ne pouvions donc, illustre Maître, laisser passer cette occasion qui réunit aujourd'hui nos anciens alliés, sans nous joindre à eux pour manifester le désir de voir ressusciter l'Alliance latine, de laquelle nous n'avons cessé de faire partie dès le XIᵉ siècle. Nous profitons aussi de cette occasion pour attirer l'attention du monde civilisé sur la situation déplorable de notre patrie, qui est sous le joug d'un régime dont les moyens de domination s'appellent: ruine, ignorance, destruction, tyrannie. Et nous réclamons le concours de toutes les âmes généreuses et libérales pour le prompt établissement de l'autonomie administrative et locale que nous accorde l'article 61 du traité de Berlin.

» Nous manquerions aussi à notre devoir si, à cette occasion, nous ne témoignions à l'illustre représentant de la généreuse Espagne, qui intervint jadis en notre faveur auprès du sultan d'Egypte, la profonde gratitude qui anime l'Arménie envers elle. Agréez donc, illustre Maître, le modeste souvenir que l'*Association patriotique arménienne* a chargé son président, M. Iskender, de vous offrir. Ce livre, histoire exacte de nos relations séculaires avec les Latins, est un chef-d'œuvre scientifique de notre Académie arménienne de Saint-Lazare, qu'un acte de vandalisme barbare des autorités turques a fait dernièrement saisir dans nos bibliothèques.

» Ici donc, comme sur le mont Ararat, quand il s'agit de l'*Alliance arméno-gréco-latine*, tous les cœurs battent à l'unisson et toutes les voix répondent au cri de: Vive Emilio Castelar! »

M. Castelar a répondu en ces termes :

« Messieurs,

» Je vous remercie des paroles que vous m'avez adressées. Mais je dois vous dire qu'en ce moment vous ne parlez pas à un homme politique; je veux

dire que je ne puis rien faire officiellement pour
vous, si ce n'est vous accorder le concours, et le concours le plus absolu, de ma parole.

» Cependant la cause de votre peuple est si juste,
les sympathies que l'Arménie a dans tout le monde
civilisé sont si universelles que vous pouvez compter,
Messieurs, si modestes que soient ma plume et ma
parole, que je les mettrai complètement au service
des opprimés, comme je l'ai fait depuis ma nais-
sance et comme je compte le faire jusqu'à la fin de
ma vie. » *(Bravos et Applaudissements.)*

M. Iskender, président de l'Association arménienne, a ensuite remis à M. Castelar deux volumes
superbement reliés, contenant des documents rela-
tifs à l'Arménie, c'est-à-dire :

La Monographie du royaume de la Cilicie

PAR LE T. R. P. LÉON-M. ALISHAN
Docteur mékhitariste de l'Académie arménienne de Saint-Lazare (Venise) ;

Les Revendications des Arméniens
par
JEAN BROUSSALI.

Plusieurs discours ayant été prononcés dans le
cours du banquet, M. Iskender a dit à son tour :

» Au nom de l'Association arménienne, je porte ce
toast à la santé du grand patriote, de l'éminent
homme d'État, du sublime poète, de l'illustre orateur, du champion de la liberté des peuples, à
M. Emilio Castelar.

Je bois en même temps au vénérable Président de
la République française et à la France, à cette noble
et généreuse France, qui comprend et pratique si
grandement la liberté, et qui nous donne, à nous
étrangers, une si large et si bienveillante hospitalité.

Vive la France !

Vive Emilio Castelar ! »

II

PUNCH DU CAFÉ RICHE

DU 14 NOVEMBRE 1886

A la suite du banquet du 4 novembre 1886, les membres de l'*Association patriotique arménienne*, se faisant un devoir d'exprimer publiquement leur reconnaissance à M. Emilio Castelar, pour l'accueil si sympathique qu'ils avaient reçu à l'hôtel Continental, le prièrent de vouloir bien accepter un *Punch* au Café Riche et ils convièrent, pour la circonstance, les représentants de la presse, qui avaient si généreusement défendu leur cause, tant en France qu'à l'étranger.

La réunion eut lieu le 14 novembre.

Le grand salon de la Maison Riche était orné de tentures aux couleurs arméniennes; un faisceau de drapeaux arméniens et de drapeaux de différentes nations gréco-latines se détachait derrière la table où vint s'asseoir, au milieu de cent convives, l'hôte illustre des Arméniens.

Un sténographe du Sénat, M. E. Guelaud, prit place devant lui pour recueillir ses paroles et noter les différents incidents de la fête.

M. Jean Broussali, donna, tout d'abord, lecture des lettres suivantes d'adhésion, dont quelques-unes portent la signature de personnages des plus marquants dans la politique et dans la littérature :

BARTHÉLEMY SAINT-HILAIRE

de l'Institut, Sénateur, ancien Ministre.

Paris, boulevard Flandrin, 4. 11 novembre 1886.

Messieurs J. Iskender, président et Jean Broussali, secrétaire de l'Association patriotique arménienne.

Je suis très sensible à l'honneur que vous voulez
bien me faire et j'aurais été heureux de participer
à la réception sympathique que vous allez faire à
M. Emilio Castelar, un des hommes les plus éloquents de ce siècle, et en même temps un des plus
nobles caractères qui l'honorent et le relèvent. Mais
je ne puis sortir le soir ; mes yeux trop faibles
souffrent trop du serein de la nuit. Je vous prie
de m'excuser, mais je serai au moins de cœur avec
vous. L'Arménie, que vous représentez, mérite tout
l'appui de l'Europe dans ses trop justes revendica-
cations. Mes sentiments à son égard n'ont pas changé,
et je vais en donner une preuve nouvelle en m'oc-
cupant pour le *Journal des savants* d'un livre de M.
Félix Nève, de Louvain, sur l'Arménie chrétienne et
sa littérature.

Agréez, Messieurs, l'assurance de ma considération très distinguée.

BARTHÉLEMY SAINT-HILAIRE.

JULES SIMON

SÉNAT

de l'Académie française, Sénateur, ancien Ministre.

Paris, le 13 novembre 1886.

Messieurs J. Iskender, président et Jean Broussali, secrétaire de l'Association patriotique arménienne,

Je vous remercie beaucoup de l'invitation que
vous avez bien voulu m'adresser. J'ai le regret de
ne pouvoir en profiter, n'étant pas libre demain
soir.

Il m'aurait été très agréable de me trouver avec
des hommes qui, dans les vicissitudes de leur nationalité, conservent la flamme du patriotisme, et
avec mon ami, le grand patriote Castelar, qui représente avec tant d'éclat l'idéal que je poursuis ici
avec plus de persévérance que de succès : l'union
de l'ordre avec la liberté sous le drapeau républicain.

Veuillez agréer l'assurance de ma haute consïdé-
ration.

JULES SIMON.

ED. ENGELHARDT

*Ministre plénipotentiaire, auteur de : La Turquie et le Tanzimat,
membre agrégé de l'Institut de droit international.*

Marseille, Cours Puget, 18.11 novembre 1886.

Cher Monsieur Broussali,

J'ai été associé dès la première heure à l'œuvre civilisatrice entreprise par votre Association et je crois vous avoir donné de nombreux gages de mes persévérantes sympathies.

Vous ne douterez donc pas des vifs regrets que j'éprouve de ne pouvoir, par suite de mon éloignement forcé de Paris, assister à la réunion de dimanche prochain.

Soyez assuré que je serai avec vous et avec vos collègues de tout cœur.

ED. ENGELHARDT.

REVUE FRANÇAISE
—

ÉDOUARD MARBEAU

*ancien Auditeur au Conseil d'État,
directeur de la Revue Française.*
Outreau près Boulogne-sur-Mer (Pas-de-Calais),
12 novembre 1886.

Mon cher Broussali,

Je vous remercie de votre aimable invitation au punch offert à M. Castelar par l'Association patriotique arménienne. Je regrette vivement que l'état de ma santé ne me permette pas de venir à Paris, mais je tiens à vous dire que je m'associe du fond du cœur aux efforts que font vos compatriotes pour obtenir la réalisation des engagements pris en faveur de l'Arménie au congrès de Berlin. Je crois même qu'il y a pour la Turquie un intérêt politique de premier ordre à ne pas différer davantage l'exécution de ses promesses.

Vous avez exposé, il y a quelques mois, dans la *Revue française*, la question arménienne sous son véritable jour, et l'accueil qui a été fait dans la presse de tous les pays à votre généreuse initiative, a révélé les sympathies profondes qui existaient dans bien des esprits pour cette partie si intéressante et si durement opprimée de la grande famille chrétienne que l'Occident a pour mission providentielle de protéger et de rendre à un régime de justice et de liberté.

Je m'étonne que les hommes d'État de la Turquie aient oublié les enseignements encore récents dont ils ont été pourtant les témoins en Bulgarie. Pendant plus de vingt ans, la Porte eût pu, en donnant satisfaction aux justes revendications des Bulgares, empêcher cette guerre lamentable, qui a transformé en un charnier les défilés des Balkans et cette merveilleuse vallée de roses où l'on ne peut s'empêcher de songer au paradis.

Pour n'avoir pas su accorder aux Bulgares, en temps utile quelques concessions sur le terrain religieux, les Turcs ont vu surgir tout un programme de revendications nationales dont la Russie n'a pas tardé à devenir le champion.

La Porte sera-t-elle plus clairvoyante cette fois, et comprendra-t-elle que le mouvement d'opinion, qui se manifeste partout en faveur de l'Arménie, exige une satisfaction immédiate, sans laquelle elle est exposée sur sa frontière d'Asie aux plus graves des surprises.

Comme Arménien, cette considération ne doit pas beaucoup vous toucher ; mais pour ma part, étant désireux, avant tout, que l'œuvre de la civilisation s'accomplisse par des voies pacifiques, je ne désespère pas encore de voir les diplomates éclairer la Turquie sur ses véritables intérêts.

Croyez, mon cher Broussali, à mes meilleurs sentiments, et laissez-moi vous féliciter d'aimer passionnément votre patrie. Dans le siècle positif où nous vivons, c'est une qualité qui devient de plus en plus rare ; c'est ce qui me fait avoir une sincère affection pour vous.

EDOUARD MARBEAU.

CHAMBRE DES DÉPUTÉS
—

Dʳ HENRY LIOUVILLE
Député de la Meuse. — Agrégé, médecin des hôpitaux.

Paris, Quai Malaquais, nº 3, 14 novembre 1886.

Monsieur le Président,
Monsieur le Secrétaire,

J'ai eu l'honneur de recevoir votre invitation à

3

fêter avec vous le patriote républicain, Emilio Castelar. Je me ferai un devoir de m'y rendre. Ce sera certes, aussi un vrai plaisir d'écouter et d'applaudir *le grand Orateur international.*
Salut sympathique.

Dr H. Liouville, député.

A. MÉZIÈRES
Député, de la Meurthe-et-Moselle,
Président de l'Académie française.

Paris, le 14 novembre 1886.

Messieurs,

Je suis Lorrain, c'est assez vous dire que les peuples qui souffrent ont droit à toute ma sympathie. Je m'associe donc de grand cœur aux patriotiques revendications de la nation arménienne et je vous prie d'agréer l'assurance de mes sentiments les plus distingués.

A. Mézières.

FRÉDÉRIC PASSY
Membre de l'Institut, Conseiller général de
Seine-et-Oise, Député de la Seine.

Paris, le 14 novembre 1886.

Messieurs,

Avec tous mes remerciments et, malheureusement aussi, tous mes regrets, ne me trouvant pas libre dimanche soir, je m'associe de cœur aux hommages qui accueillent partout le grand orateur et le grand libéral espagnol.

Frédéric Passy.

E. DELATTRE
Député de la Seine.

Bougival, le 14 novembre 1886.

Messieurs,

Retenu ici par une violente bronchite depuis lundi dernier, il ne me sera pas possible d'aller à Paris ce soir assister à la soirée que vous offrez à l'éloquence et au patriotisme.

Mes regrets sont d'autant plus vifs que la fête est organisée par l'Association patriotique arménienne.

Salut et fraternité.

E. Delattre.

TONY RÉVILLON
Député de la Seine.

Paris, le 12 novembre 1886.

Messieurs,

Je suis obligé de quitter Paris samedi pour deux jours. Je le regrette doublement, et parce que cette absence me privera de fêter Castelar, et parce qu'elle me privera de le fêter avec vous.

Toutes mes amitiés. TONY RÉVILLON.

ANATOLE LEROY-BEAULIEU
Publiciste, Professeur à l'École libre des sciences politiques.

Etuf (Haute-Marne) 14 novembre 1886.

Messieurs,

Vous savez quel intérêt je porte à la nation arménienne. J'aurais été heureux de vous en donner la preuve dimanche. Il m'eût été doublement agréable d'applaudir avec vous un homme qui a mis son incomparable éloquence au service de toutes les nobles causes. J'espère que la fête du 14 ne sera pas inutile à la nation arménienne

Veuillez, Messieurs, croire que mon absence de Paris m'empêche seule d'être des vôtres, et agréer pour vous et pour vos collègues de l'*Association patriotique*, l'expression de mes sentiments les plus reconnaissants et les plus dévoués.

ANATOLE LEROY-BEAULIEU.

LOUIS RENAULT
Professeur de droit des gens aux Écoles de droit et des sciences politiques, Directeur du Recueil international des archives diplomatiques, Membre de l'Institut de droit international.

Paris, 15 novembre 1886.

Cher monsieur Broussali,

Je comptais bien me rendre à votre aimable invitation et je regrette vivement d'en avoir été empêché au dernier moment. J'aurais voulu témoigner par là de toute ma sympathie pour l'illustre orateur espagnol, le champion naturel de toutes les nobles causes, et, en même temps, pour votre nation, si malheureusement et si singulièrement opprimée. Espérons qu'un jour viendra où vos réclamations, basées sur des textes formels, seront écoutées par ceux qui pourront vous faire rendre justice.

Votre tout dévoué,   LOUIS RENAULT.

ALBERT VANDAL

Auditeur de 1re classe au Conseil d'État, Professeur à l'École libre des sciences politiques.

Paris, le 12 novembre 1886.

Messieurs,

Je tiens à vous exprimer mes remerciements pour l'aimable invitation que vous avez bien voulu m'adresser. J'aurais été heureux d'être des vôtres, dimanche prochain, et je suis désolé qu'un engagement antérieur, en ne me permettant plus de disposer de ma soirée, ne me laisse que peu d'espoir de vous rejoindre. Je vous prie de faire agréer mes regrets à vos amis et compatriotes, en les assurant de ma vive gratitude et de ma vive sympathie.

Veuillez recevoir, Messieurs, l'assurance de mes meilleurs sentiments.

ALBERT VANDAL.

G. ROLIN-JAEQUEMYNS.

Avocat, ancien Ministre, Membre de la Chambre des représentants de Belgique, Président de l'Institut de droit international.

Bruxelles, 14 novembre 1886.

Monsieur Jean Broussali,

J'ai trouvé, hier seulement, l'aimable invitation de l'Association patriotique arménienne, en même temps que votre lettre et les documents que vous voulez bien m'envoyer. Le tout attendait mon retour de la campagne.

Je vous remercie de vos renseignements et de vos pièces. Je crains seulement que vous ne vous exagériez beaucoup l'influence de mon opinion. En tout cas, je ne remplirai que mon devoir en réclamant l'application, à votre patrie, de ce que les traités ont formellement stipulé en sa faveur.

J'aurais été doublement heureux d'assister au

punch offert à M. Emilio Castelar, d'abord pour répondre à la marque de sympathie de l'Association patriotique arménienne, ensuite pour rencontrer l'illustre orateur et homme d'État espagnol qui devait être le héros de la Fête. Mais il m'est impossible de m'absenter en ce moment.

Agréez, Monsieur, l'assurance de mes sentiments les plus distingués,

G. ROLIN-JAEQUEMYNS.

EMILE DE LAVELEYE

Membre de l'Académie royale de Belgique, Correspondant des Académies royales de Madrid, de Lisbonne, du Lincée de Rome, de l'Institut genevois et de l'Institut de France, Professeur à l'Université de Liège, Vice-Président de l'Institut de droit international.

Liège, 13 novembre 1886.

Cher Monsieur Broussali,

Je vous suis extrèmement reconnaissant de l'aimable invitation que vous m'avez adressée pour la soirée de dimanche, où j'aurais eu la bonne fortune de rencontrer M. Emilio Castelar.

Je suis désolé d'être empêché de m'y rendre.

Vous voudrez bien dire à M. Castelar combien j'aurais été heureux de pouvoir lui répéter ce que je lui ai dit en 1869, à Madrid : que nul n'admire plus que moi son admirable éloquence, toujours mise au service de la justice pour tous et de la liberté des peuples.

J'espère qu'il consacrera sa noble et généreuse parole à revendiquer devant l'Europe les droits de la nationalité arménienne, si cruellement opprimée en Asie, malgré les stipulations si claires du traité de Berlin.

Chacun de ses discours éveille un écho dans la conscience des peuples civilisés, et ce qu'il dira en faveur de votre juste cause vous vaudra les sympathies de tous les amis de la liberté dans le monde entier.

Votre tout dévoué,

EMILE DE LAVELEYE,

GUSTAVE MOYNIER

Président du Comité international de secours aux militaires blessés.
membre de l'Institut de droit international et de l'Institut genevois,
correspondant de l'Institut de France.

Genève, le 11 novembre 1886.

Monsieur Jean Broussali,
Mille remerciements pour votre obligeante invitation au punch de dimanche prochain, auquel je ne puis naturellement pas songer à me rendre.
Votre dévoué,   GUSTAVE MOYNIER.

ALPHONSE RIVIER

Professeur à l'Université de Bruxelles, membre et secrétaire général
de l'Institut de droit international, Consul général de la
République Helvétique à Bruxelles.

Bruxelles, le 12 novembre 1886.

Monsieur Jean Broussali,
Vous avez eu la bonté de m'inviter à assister à la réception que l'Association patriotique arménienne fera, dimanche prochain, à l'éminent Emilio Castelar. Je suis entièrement sensible à votre bienveillant souvenir, et c'est avec un vif regret que je viens vous prier de vouloir bien présenter à Messieurs vos collègues du bureau de l'Association et d'agréer pour vous même, avec l'expression de ma reconnaissance, mes excuses, fondées sur ce fait qu'il m'est absolument impossible, dans ce moment, de m'absenter de Bruxelles même pour un jour.
Veuillez, Monsieur, croire à l'assurance renouvelée de ma considération la plus distinguée,
ALPHONSE RIVIER.

PAUL VIDAL DE LA BLACHE

Sous-directeur et maître de conférences à l'École normale supérieure.

Paris, le 12 novembre 1886.

Messieurs,
Je suis très sensible à l'invitation que l'Association patriotique arménienne me fait l'honneur de m'adresser. Je m'y serais rendu avec empressement, si je n'étais retenu par un deuil grave et récent. J'en éprouve un vif regret, et je vous prie de vouloir

bien vous faire l'interprète de mes sentiments de sympathie bien sincère auprès de l'Association.

En d'autres circonstances, j'aurais été heureux de m'associer personnellement à l'hommage qu'elle se propose de rendre à l'illustre orateur dont nous saluons la présence parmi nous et dont l'éloquence a quelque chose d'international et d'humain, comme la justice et le droit dont elle s'inspire.

Veuillez agréer, Messieurs, avec mes remerciements, l'expression de ma considération la plus distinguée. PAUL VIDAL DE LA BLACHE.

HENRY PIGEONNEAU

Professeur à la Sorbonne et à l'École libre des Sciences politiques,

Paris, le 11 novembre 1886.

Messieurs,

Je regrette vivement que des engagements antérieurs ne me permettent pas d'assister à la réunion à laquelle vous avez eu la gracieuseté de me convoquer. J'aurais été heureux de saisir cette occasion de témoigner tout à la fois ma sympathie pour votre pays, qui ne compte en France que des amis, et ma sincère admiration pour le grand écrivain, pour le grand citoyen qui a su rester, au pouvoir, libéral en pratique comme en théorie; dans l'opposition impartial, modéré, forçant par la dignité de son caractère, le respect de ses adversaires, l'homme de la patrie et non l'homme d'un parti.

Veuillez agréer, Messieurs, avec mes excuses, l'assurance de mes meilleurs sentiments.

HENRY PIGEONNEAU.

LA RÉPUBLIQUE FRANÇAISE
53, rue Chaussée-d'Antin
—
Cabinet du directeur
politique

JOSEPH REINACH

Directeur politique de la République française

Paris, le 10 novembre 1886.

Messieurs,

Il me sera impossible, à mon grand regret, d'assister au punch que l'Association patriotique arménienne offre à M. Castelar. Je vous prie de présenter à M. Castelar l'expression de mes sentiments les plus dévoués et à vos collaborateurs celle de ma vive sympathie. JOSEPH REINACH.

LE XIXᵉ SIÈCLE
16, rue Cadet

RÉDACTION

ÉMILE GAUTHIER-LUCET

Rédacteur du XIXᵉ Siècle

Paris, le 16 novembre 1886.

Chers Messieurs,

Je suis au désespoir de n'avoir pu assister à votre punch et de ne vous avoir pas davantage accusé réception de votre gracieuse carte d'invitation. Mais il n'y a pas de ma faute.

Une indisposition assez grave m'ayant empêché d'aller au journal pendant toute une semaine, je ne trouve votre lettre qu'aujourd'hui seulement, à ma première sortie.

Agréez, avec l'assurance nouvelle de mes regrets, mes plus vives sympathies pour votre cause et pour vos personnes.

ÉMILE GAUTHIER-LUCET.

L'INDÉPENDANCE ROUMAINE

Cabinet du directeur

34, rue du Général-Foy

PARIS

R. DE L'ANGLE-BEAUMANOIR

Correspondant du journal l'Indépendance roumaine

Paris, le 9 décembre 1886.

Messieurs,

De retour, ce matin, à Paris, j'ai vivement regretté de n'avoir pu, étant absent le 14 novembre, me rendre à l'invitation de l'Association patriotique arménienne pour le punch offert à M. Emilio Castelar.

Je vous prie, Messieurs, d'agréer l'assurance de mes meilleurs sentiments et de mes respectueuses salutations.

RAOUL DE L'ANGLE-BEAUMANOIR.

P. FONCIN

de l'Alliance française, inspecteur général de l'Université

Messieurs,

J'ai l'honneur de vous remercier de votre aimable invitation.

Je regrette qu'un engagement antérieur me prive du plaisir de m'y rendre.

Veuillez agréer, Messieurs, l'assurance de mes entiments les plus distingués.

P. FONCIN.

L'INDÉPENDANCE BELGE

Cabinet du directeur

33, rue Vernet

PARIS

GUSTAVE BÉRARDI

Correspondant du journal l'Indépendance belge

Paris, le 11 novembre 1886.

Messieurs,

Monsieur Gustave Bérardi remercie l'Association patriotique arménienne de son aimable invitation et regrette vivement que son départ obligé pour la Belgique le prive de l'honneur de s'y rendre.

GUSTAVE BÉRARDI.

JULIEN PENEL
Publiciste.

Paris, le 15 novembre 1886.

56, rue Madame

Messieurs,

Une circonstance imprévue m'a retenu chez moi hier soir et m'a empêché de me rendre à l'invitation que vous aviez bien voulu m'adresser pour le punch offert à Castelar. J'en ai été extrêmement contrarié et je vous en exprime tous mes regrets.

Veuillez agréer, Messieurs, l'expression de mes sentiments les plus distingués.

JULIEN PENEL.

LES NOUVELLES

473, Rue S.-Honoré.

PARIS

EDMOND ROBERT
Sous-Directeur des Nouvelles

Paris, le 13 novembre 1886.

Cher Monsieur Broussali,

Je suis bien sensible à l'aimable invitation dont l'Association patriotique arménienne a daigné m'honorer. Je fais, en mon cœur de Français, les vœux les plus sincères pour le relèvement national de votre chère et si intéressante Patrie.

Veuillez agréer mes vifs regrets de ne pouvoir assister à votre patriotique réunion et l'expression de mes affectueux remerciements.

EDMOND ROBERT.

DANIEL WEIL

THE EGYPTIAN GAZETTE
84, Faubourg St-Honoré
—
PARIS

Correspondant de l'Egyptian Gazette. Secrétaire général de l'Alliance jacobique universelle.

Paris, le 13 novembre 1886.

Messieurs,

Très sensible à l'honneur que vous me faites en m'adressant une invitation pour la soirée offerte à l'éminent orateur qui est l'objet de notre unanime admiration, j'éprouve le regret de ne pouvoir m'y rendre : un engagement antérieur m'obligeant à m'absenter de Paris, demain. La sympathie qu'inspirent les qualités nobles et humanitaires de Don Castelar et auxquelles tout le monde rend hommage, son ardent libéralisme trouvent parmi nous un accueil mérité et je vous prie de croire à mes regrets de ne pouvoir être avec vous, demain, que par le cœur et la pensée.

Veuillez agréer, Messieurs, l'assurance de mes sentiments les plus distingués.

DANIEL WEIL.

F. BOURIAND

TRIBUNE DES PEUPLES
—
Cabinet du Directeur

47, rue de Loos
PARIS

Directeur et Éditeur-Gérant de la Tribune des Peuples.

Paris, le 13 novembre 1886.

Messieurs,

J'ai reçu l'invitation que vous avez bien voulu m'adresser au nom de votre Association à l'effet d'assister au Punch qu'elle offre à M. Emilio Castelar.

J'apprécie comme il convient l'honneur que vous voulez bien me faire, et je vous remercie bien sincèrement de l'intention. A mon grand regret, je me vois dans la nécessité de décliner cette invitation, me trouvant appelé hors de Paris dimanche pour un deuil de famille.

Veuillez agréer, Messieurs, avec mes excuses, l'assurance de ma considération la plus distinguée.

F. BOURIAND.

LE PETIT JOURNAL

59, rue Condorcet
PARIS

AMÉDÉE RIVIÈRE

Collaborateur au Petit Journal.

Paris, le 14 novembre 1886.

Messieurs,

Au dernier moment, une circonstance imprévue m'empêche de pouvoir me rendre à l'invitation que vous m'aviez fait l'honneur de m'adresser au nom de l'Association patriotique arménienne à l'occasion du Punch offert à Emilio Castelar, le vaillant champion de la démocratie espagnole.

Veuillez agréer tous mes regrets et croyez, Messieurs, à mes sentiments les plus distingués.

AMÉDÉE RIVIÈRE.

SOCIÉTÉ D'ALLIANCE LATINE

L'ALOUETTE
fondée en 1875

7, rue Lelot (Asnières)
PARIS.

EDMOND THIAUDIÈRE

Président de la Société d'Alliance latine
L'Alouette

Paris, le 11 novembre 1886.

Messieurs,

Vous voulez bien m'inviter au Punch que vous devez offrir dimanche prochain à l'illustre Emilio Castelar.

Soyez persuadés que j'apprécie tout l'honneur qui m'est fait par vous dans cette circonstance, et qu'il m'est très pénible de décliner une invitation si gracieuse.

J'aurais été heureux de boire, avec tous les amis de votre vaillante nation, au triomphe de la noble cause que vous représentez si dignement.

Vive l'Arménie indépendante !

Veuillez agréer, Messieurs, l'assurance de mes sentiments les plus cordiaux et les plus distingués.

EDMOND THIAUDIÈRE.

P.-S. Nous espérons que vous assisterez, tous les deux, mercredi prochain au dîner de l'*Alouette*, pour lequel vous trouverez, ci-incluses, deux invitations.

DÉM. GEORGIADÈS

De la colonie grecque à Paris.

Paris, le 14 novembre 1886.

Chers Messieurs,

Une circonstance imprévue et impérieuse m'empêche au dernier moment de me rendre à votre aimable invitation et de me joindre à vous, comme je voudrais, pour rendre un hommage unanime à l'illustre Castelar, dont la parole puissante retentit dans le monde civilisé et électrise tous les nobles cœurs.

La nation arménienne ne pouvait trouver un orateur plus éloquent et en même temps plus autorisé pour lui confier la défense de sa cause.

Il n'y a rien de plus juste que d'admettre au banquet de l'Alliance gréco-latine non seulement les Arméniens, qui, à côté de l'élément hellénique, représentent en Orient une force civilisatrice incontestable, mais aussi toutes les populations de l'Islam qui, en Afrique, sont les alliés naturels de la France et de l'Espagne et avec lesquels, en Orient, nous avons une grande communauté d'intérêts pour défendre en commun des droits séculaires et notre indépendance contre l'invasion progressive du panslavisme, contre les convoitises des empires germaniques et contre l'ambition insatiable et l'égoïsme de l'Angleterre.

La puissance et la prospérité coloniale même de la France et de l'Espagne dépendent en quelque sorte de l'union étroite de cette même famille qui habite actuellement les beaux parages des bassins de la Méditerranée et de l'Archipel sans distinction de race ni de religion.

Agréez, chers messieurs, l'assurance de mes sentiments les plus sympathiques. DÉM. GEORGIADÈS.

GRÉGOIRE MANIEU

au nom des Étudiants roumains à Paris

Paris, le 15 novembre 1886.

Messieurs,

Un incident imprévu m'a forcé au dernier moment de ne pas assister au Punch offert par l'Association arménienne à Emilio Castelar. J'aurais désiré

y assister, Messieurs, d'autant plus qu'ayant personnellement connu plusieurs de vos compatriotes,
j'aurais pu témoigner combien l'Arménien, par son
patriotisme, son activité et ses qualités nationales,
mérite de sympathie et d'affection, et associer
ma faible parole à la vôtre pour requérir l'appui
du plus grand orateur de notre époque et du cou-
rageux défenseur des opprimés, en faveur de tous
ceux qui sont sacrifiés par le traité de Berlin. Mais
vous l'avez fait, messieurs, bien plus éloquemment
que je n'aurais pu le faire. Aussi, vous prierai-je,
de bien vouloir être l'interprète, auprès de messieurs
ves collègues, de mon vif regret de n'avoir pu y
assister et d'y ajouter, au nom de la Roumanie,
que votre cause a beaucoup de sympathie dans un
pays qui lutte pour maintenir son indépendance au
milieu d'éléments de désordre et de tyrannie.

En vous remerciant encore une fois de votre si
aimable invitation, je vous prie d'agréer l'assurance
de ma plus parfaite considération et de me compter
comme un ami, humble mais dévoué, de votre
juste cause.   GRÉGOIRE MANIEU.

ASSOCIATION PATRIOTIQUE
ARMÉNIENNE

Comité de Londres
—
21, Lettersone Road Fulham S. W.
LONDRES

G. HAGOPIAN,
Publiciste, Président, et

P. AGANOOR,
Secrétaire-Trésorier du Comité de Londres
Londres, le 11 novembre 1886.

Chers et honorés Messieurs,

Nous regrettons beaucoup de ne pas pouvoir assister au Punch que l'Association patriotique arménienne va donner en l'honneur de M. Emilio Castelar à la Presse européenne le 14 de ce mois,

Nous aurions bien voulu rendre nos hommages à
l'éminent orateur espagnol dont les services à la
cause du progrès et de la liberté en Espagne et les
efforts pour alléger les souffrances des opprimés de
tous les pays sont bien connus dans tout le monde
civilisé.

Nous espérons solidement que votre réunion aura
pour résultat une meilleure appréciation par la
Presse européenne de la situation pitoyable de l'Arménie sous le régime actuel et une sympathie plus

vive et plus continuelle pour nos pauvres compatriotes, et de hâter ainsi le jour de notre délivrance.

Agréez, messieurs, nos salutations fraternelles.

Le Président,　　　　*Le Secrétaire-Trésorier,*
G. HAGOPIAN.　　　　P. AGANOOR.

ASSOCIATION PATRIOTIQUE
ARMÉNIENNE

Comité de Marseille
—
50, rue Vacon
MARSEILLE

M. PORTOUKALIAN,
*Directeur de l'*ARMÉNIA, *Président,* et

S. CHNORHAVOR,
Secrétaire.

Marseille, le 13 novembre 1886.

Messieurs,

Nous sommes très sensibles à la bienveillante invitation que vous nous adressez d'assister au Punch
que vous offrez en l'honneur de M. Emilio Castelar.

Tout en nous y associant de grand cœur, nous
regrettons vivement de ne pouvoir nous y rendre
et nous venons vous prier instamment de vouloir
bien être auprès de l'illustre poète et éminent homme
d'Etat, l'interprète de nos sentiments de profonde
reconnaissance, pour la vive sympathie qu'il témoi-
gne à l'égard de notre malheureux pays.

Veuillez agréer, messieurs, l'assurance de nos sentiments respectueux.

Le Président,　　　　*Le Secrétaire,*
M. PORTOUKALIAN.　　　S. CHNORHAVOR.

SOCIÉTÉ PROGRESSISTE ARMÉNIENNE
—
CAIRE (ÉGYPTE)

G. MIHANOFF, *Président,*
TIGRAN, *Secrétaire.*

Caire, le 8 novembre 1886.

Messieurs,

Très sensibles à l'aimable et patriotique invitation
que vous nous adressez pour le Punch que l'Association patriotique arménienne offrira le 14 courant
dans les salons du Café Riche, nous sommes désolés
de ne pas pouvoir fêter avec vous la Patrie et applaudir le grand génie vivant de la race latine, le
père universel des opprimés, l'homme d'Etat éminent, M. Emilio Castelar, qui a bien voulu participer
par sa parole à défendre les droits de l'Arménie,
qui ont reçu une consécration internationale dans
l'article 61 du traité de Berlin, resté lettre morte.

Nous serons néanmoins avec vous, frères, de cœur
pour célébrer la soirée du 14 novembre.

Veuillez agréer, messieurs, l'expression de nos
profondes gratitudes distinguées, pour les efforts
que vous faites dans l'intérêt de l'Arménie.

Le Président,	*Le Secrétaire,*
G. MIHANOFF.	TIGRAN.

ASSOCIATION PATRIOTIQUE ARMÉNIENNE — H. HOVSÉPIAN, *Président,* et

COMITÉ DE NICOSIE (CHYPRE) — H. HOVHANNISSIAN, *Secrétaire.*

Nicosie (Chypre), le 8 novembre 1886.

Messieurs,

Nous sommes on ne peut plus affligés de ne pas
pouvoir prendre part au banquet que l'Association
patriotique offrira prochainement à M. Castelar, le
tribun espagnol, qui consacre sa vie pour les peuples
opprimés, dont le nôtre en est un.

Les paroles que prononcera l'illustre orateur seront
d'un grand poids pour la réalisation de nos légitimes
revendications; aussi tout en vous félicitant pour le
zèle que vous déployez en faveur de notre cause,
nous vous prions instamment de nous excuser auprès
de l'ancien Président de la République espagnole,
auquel nous présentons nos hommages les plus respectueux.

Saluts fraternels.

Le Président,	*Le Secrétaire,*
H. HOVSÉPIAN.	HAGOP HOVHANNISSIAN.

TÉLÉGRAMME DES ÉTUDIANTS ARMÉNIENS D'AIX

Aix-en-Provence, le 14 novembre 86, 11 h. matin.

Messieurs,

Nous sommes très affligés de ne pouvoir assister
au Punch patriotique offert à l'illustre orateur dont
la présence fortifiera notre noble cause et lui assu-
rera un légitime succès. Merci et saluts fraternels.

Pour les Étudiants arméniens,

SÉVASLY, étudiant en droit.

Cette lecture terminée, les discours suivants ont
été prononcés :

DISCOURS DE M. J. ISKENDER

Président de l'Association patriotique arménienne

MONSIEUR,

Encouragés par la haute bienveillance avec laquelle vous avez bien voulu accueillir la députation de l'*Association patriotique arménienne*, à l'occasion du banquet donné en votre honneur par l'*Alliance gréco-latine*; encouragés aussi par les sympathies qui ont été témoignées à cette députation par les honorables représentants de la presse française et étrangère, nous nous sommes permis, Monsieur, de vous convier à cette petite réunion, pour avoir l'occasion de vous renouveler l'expression de la haute admiration et de la profonde estime qu'éprouve la nation arménienne, pour le plus éloquent et le plus grand apôtre de l'émancipation des peuples. (Applaudissements.)

Permettez-nous donc, Monsieur, de vous présenter notre vive gratitude pour le gracieux empressement avec lequel vous avez daigné accepter notre invitation.

Et vous, Messieurs, représentants d'une presse qui s'honore par son généreux attachement et son précieux appui à la cause des opprimés, permettez-nous aussi de vous remercier pour avoir bien voulu répondre à notre appel, et pour avoir, par votre présence, rehaussé l'éclat de l'hommage que nous sommes heureux d'offrir aujourd'hui à l'illustre et vénéré M. Emilio Castelar.

(Bravo! bravo! applaudissements.)

DISCOURS DE M. M.-A. GROMIER

Directeur de la *Correspondance étrangère* et de l'*Union méditerranéenne, fondées en 1866.*

MONSIEUR CASTELAR,
MESSIEURS LES REPRÉSENTANTS DE LA PRESSE,
CHERS AMIS DE L'*Alliance* ET DE L'*Union* !

Le 4 novembre dernier, à coup sûr, nous avons tous éprouvé une grande joie. Aujourd'hui, pourtant, cette joie me paraît encore devoir être plus grande.

Nous n'assistons plus, en effet, à une première assemblée officielle de partisans inconnus les uns aux autres et sans chefs; mais, nous sommes conviés par les Arméniens à une fête de famille en l'honneur du premier d'entre nous, et, nous connaissant enfin, nous pouvons parler librement, sans façons.

C'est pour cela que je ne puis me dispenser, cette fois, d'accepter de prendre la parole.

Castelar et la Presse ont fait ce miracle de nous mettre ainsi à l'aise en douze jours!

Messieurs et amis, qui donc parlait de l'*Alliance gréco-latine* et de l'*Union douanière Méditerranéenne* avant que Castelar et les journaux de Paris n'aient consacré la justice de ces deux bonnes causes et n'en aient assuré le succès? A peine un ou deux *enfants perdus de la pensée*, s'adressant à quelques camarades et se ruinant obscurément pour l'impression de brochures plus ou moins bien utilisées.

Castelar est arrivé. Il a accepté d'être le Messie nécessaire. Il a parlé... Aussitôt, les cent mille voix de la presse, multipliant les forces déjà si gigantesques de son éloquence admirable, l'*Alliance* et l'*Union* se sont trouvées, du jour au lendemain, en situation excellente de considération et même de renommée!

Voilà ce que peuvent un orateur philosophique et des journalistes au service du bien et du droit!

Amis, buvons donc, avant tout, à Castelar et à la presse parisienne!

Et, n'oublions point la presse étrangère, la presse méditerranéenne surtout... Voici bientôt vingt ans, en effet, que les journaux gréco-latins accordent à l'envi l'hospitalité la plus généreuse à tous les propagateurs de ce que nous pouvons appeler, à présent, la bonne nouvelle... Buvons donc aussi à la prospérité de la presse étrangère!... Buvons aux vaillants organes des Arméniens : A l'*Arménia*, de Marseille. —à l'*Arévelk*, de Constantinople. — au *Mschak*, de Tiflis, — à tous les journaux dont les lecteurs habituels sont nos amphitryons de ce soir.

Messieurs, à propos de ces amphitryons, permettez à un mauvais buveur de vous conseiller toutefois encore une forte rasade. Buvons à l'*Association patriotique arménienne*... Et, maintenant, suppléons à l'excessive modestie de M. Iskender, son digne président.

Au Continental, jeudi, il n'a osé nous exprimer que ses aspirations méditerranéennes. Ici, tout à l'heure, il n'a osé que nous souhaiter la bienvenue en la souhaitant à la Presse et à cet illustre homme d'Etat autour duquel nous sommes heureux et fiers de nous grouper tous. Je veux dire deux mots des Arméniens eux-mêmes, puisque personne n'en a encore parlé.

Messieurs, de tous temps et en tous pays, mais surtout en Turquie, les Arméniens sont parvenus à occuper les plus importantes fonctions, grâce à leur intelligence, à leur activité, à leur esprit d'initiative, à leur tempérament. Presque toujours aussi, ils ont été la cause principale de l'introduction des mesures libérales dans les pays autocratiques: ils ont été les représentants et les propagateurs du progrès.

C'est un Arménien, Kazèze Artin, qui libéra le territoire turc de la présence des Russes en introduisant, il y a soixante ans, l'usage provisoire d'une monnaie d'alliage facilitant le paiement de l'indemnité de guerre.

C'est une famille arménienne, celle des Duz, qui a dirigé, depuis deux siècles, en Turquie, la fabrication de la monnaie.

Depuis un siècle, les Dadian ont entre leurs mains la manufacture des poudres ottomanes.

Aghaton-Pacha, sorti le premier de notre Ecole de Grignon, a établi l'administration des Télégraphes.

Tchamitch-Ohannès-Effendi fut le premier honnête homme habile dirigeant les finances.

Agop pacha, promu aux délicates fonctions d'administrateur de la liste civile du Sultan, mit, le premier, un commencement d'ordre dans le chaos de ce tonneau des Danaïdes.

Voilà pour la Turquie. Mais en Egypte, qui donc a facilité les premières réformes? Boghos-bey, Artin-bey. — Qui donc a formé les tribunaux mixtes? Nubar. — Qui la gouverne actuellement? Nubar, Tigran, et Yacoub Artin pacha.

Et en Perse? Quel est le meilleur gouverneur de province? Celui d'Aderbeydjian : l'Arménien Djihanguir. — Qui représente le Shah à Vienne? Nériman-khan. — A Londres? Melcon-Khan. — A Paris? Nazar-Agha. Ce sont des Arméniens tous les trois.

En Russie enfin, en Russie même, les Arméniens se sont frayés un chemin vers les postes les plus enviés. Loris Mélikoff s'est élevé au faîte de la puissance. Nicolas Télianoff est membre du Conseil supérieur de l'Instruction publique. Badganoff est membre de l'Académie de Saint-Pétersbourg. Garabedesoff est directeur des Affaires étrangères, section d'Asie. Lazareff, Matatoff, Lalayeff et vingt autres sont les meilleurs généraux de la Russie.

Les Arméniens, vous le voyez donc, sont bons à accueillir, bons à visiter. Il seront d'utiles adhérents à notre Alliance. Ils feront honneur à notre Union.

Vous ne l'ignorez pas, Messieurs, ils cherchent, par tous les moyens, à s'instruire, à s'imprégner de la civilisation européenne. Ils ont des élèves partout en Europe. En France, on en rencontre presque dans chaque lycée, ainsi que dans toutes nos Ecoles spéciales, et jusqu'à l'Ecole des beaux-arts, témoin le peintre Aïvasoffky, officier de la Légion d'honneur, et le peintre Zakarian, qui a été médaillé au Salon de cette année.

Avec tous leurs efforts, toute leur persévérance, toutes leurs qualités natives, ils tâchent de concilier à leur patrie la sympathie et l'appui de l'Europe civilisée, la sympathie et l'appui de la France civilisatrice.

Que notre dévouement leur soit acquis : ils ne demandent que justice.

Sans aspirer à une indépendance politique absolue, ils réclament une autonomie administrative et locale, avec des gouverneurs chrétiens et une gendarmerie indigène, comme cela existe dans la province du Liban.

Eh bien ! C'est ce que l'article 61 du traité de Berlin, de 1878, leur a solennellement garanti. C'est ce que leur doit l'Europe. Hier encore, MM. Barthélemy Saint-Hilaire, de Laveleye, Jules Simon, Rivier, Frédéric Passy, Engelhardt, Marbeau, etc., l'ont déclaré nettement...

Messieurs et chers camarades,

En 1789, nos pères, enflammés d'un juste enthousiasme, mirent simplement trois jours à déblayer les terrains montueux situés derrière les Invalides et à les transformer en la vaste et belle plaine du Champ-de-Mars, où se célébra la Fête de la Fédération.

Amis, vous n'avez nul besoin d'une telle ardeur. Au lieu de trois jours, travaillez trois ans si vous le voulez... et 1889, par suite de vos laborieux efforts, 1889 ne verra point seulement la Fête du Centenaire, 1889 ne verra point seulement l'Exposition universelle, — Amis, 1889 verra l'autonomie administrative et locale arménienne, ainsi que l'Alliance et l'Union de toutes les nations riveraines de la Méditerrannée.

Je porte un toast à 1889 !

DISCOURS DU CHEIKH

J. SANUA ABOU-NADDARA

Publiciste égyptien, directeur de l'*Abou-Naddarra*.

Au nom d'Allah, clément et miséricordieux, le Cheikh Abou Nadcara, l'humble proscrit de la vallée du Nil, offre le parfum de son salut d'Orient à la fleur de la jeunesse arménienne, qui représente l'Association patriotique du noble pays d'Aram, aussi remarquable dans l'ancienne aussi bien que dans la moderne histoire des nations civilisées.

Salut à toi, célèbre Arménie ! mère glorieuse de héros invincibles, de génies incomparables et d'hommes généreux.

Salut à toi, belle Arménie, rose divine dont le parfum embauma le ciel d'Asie.

Salut à toi, contrée bénie, berceau de nos premiers parents : Adam et Eve.

Salut à toi, terre élue, où le Seigneur planta l'arbre de la science au milieu de son paradis terrestre.

Salut à toi, mont gigantesque d'Ararat qui défie les nues.

Je salue ta cime majestueuse où s'arrêta l'Arche merveilleuse de Noé, de ce juste qui trouva grâce aux yeux du Créateur et fut sauvé du déluge pour régénérer le monde.

Puissiez-vous goûter les délices de l'Eden, ô vous, âmes saintes des innombrables martyrs arméniens, qui, pendant de longs siècles, luttèrent avec acharnement pour l'affranchissement de leur patrie et pour briser le joug infâme de ses despotes.

Que la paix soit avec vous, âmes d'élite des milliers et milliers de valeureux guerriers arméniens qui firent trembler les rois les plus puissants de l'antiquité et du moyen âge et furent l'épouvante de leurs armées formidables.

Je m'incline avec respect et vénération devant ton génie

immortel, ô Moïse de Khorène, gloire de l'ancienne
littérature de l'Arménie et flambeau de la littérature
moderne.

Je vous admire, ô vous, poètes, savants, philosophes,
historiens et romanciers arméniens contemporains, qui,
par vos chants patriotiques, par vos discours éloquents et
par vos écrits scientifiques et moraux, guidez vos compatriotes dans l'âpre sentier du progrès et de la civilisation
et les préparez à redevenir une nation forte, compacte,
libre et indépendante.

Courage! courage! ô nobles fils d'Aram, vous qui,
depuis le commencement de ce siècle, en Turquie, en
Asie et en Egypte, secondez les efforts de l'Europe pour
dissiper les ténèbres de l'ignorance dans lesquelles ces
peuples sont immergés par l'iniquité de leurs tyrans.

Recevez mon baiser fraternel, ô vous, chers, actifs, as-
sidus et intelligents étudiants arméniens de Venise, de
Paris et des villes principales de l'Occident.

Et maintenant, chers *Akhbars*, qui composez l'Association patriotique arménienne de Paris, je vous invite à
vous unir à l'humble Cheikh Abou Naddara pour boire à
la santé de l'illustre Castelar qui, ayant compris la noble
entreprise de votre Association, vous a gracieusement
promis son appui.

Vive donc la jeunesse arménienne, avenir brillant de la
patrie! Vive l'Alliance arméno-gréco-latine! et vive Emilio
Castelar, qui en est l'âme et le cœur!

M. Armand Lévy, publiciste, comme citoyen
français et israélite, rend hommage à M. Emilio
Castelar, qui a toujours mis son grand talent, sa
plume, sa parole, son éloquence au service de toutes
les nobles causes. Un des titres de sa gloire, c'est
l'abolition de l'esclavage, que le grand orateur fit
voter par les Cortès. M. Armand Lévy aborde ensuite la question arménienne et dit que les puissances doivent réclamer et exiger l'application de
l'article 61 du traité de Berlin, qui accorde l'autonomie à l'Arménie. (Très bien! Très bien!)

Puis M. Raqueni, de la colonie italienne, directeur de
l'*Etendard*, organe de l'alliance latine, prend la parole
dans la belle langue du pays *dove il si suona* et salue à
son tour l'Association patriotique arménienne : « J'ap-
plaudis, dit-il, à son noble but, qui est celui de tenir
vif dans les cœurs le sentiment de la patrie, et de rap-

peler aux nations civilisées de l'Occident qu'il y a sur les frontières de la vieille Europe, en Asie, un peuple ami, un peuple frère, qui a bien mérité de la civilisation, et qui gémit depuis des siècles dans un esclavage qui est une honte pour l'humanité.

» C'est à la source du savoir que vous avez puisé l'amour de la patrie et de la liberté. Les apôtres de toutes les idées nobles et généreuses sont sortis des écoles et des universités : je veux dire de vos rangs. L'amour de la science est inséparable de l'amour de la liberté.

» Au moyen âge, les républiques de Florence, de Gênes, de Venise et de Pise, qui ont ouvert à l'Europe le commerce de l'Orient et auxquelles l'Italie est redevable de toutes ses plus belles gloires, ont maintenu des relations amicales et fraternelles avec vos ancêtres, qui ont combattu pour l'idée chrétienne et le triomphe de la civilisation latine.

» Aussi les sympathies que les Italiens ont toujours nourries pour les Arméniens sont-elles fondées sur des faits historiques, sur la communauté des intérêts et des aspirations. Toutes les nations baignées par la Méditerranée, ce grand lac des peuples gréco-latins, ont soif de liberté et d'indépendance.

» Nous avons à Venise, dans l'île Saint-Lazare, le couvent et l'Académie des Arméniens fondés en 1717 par le célèbre Mékhitar, qui a révélé l'Arménie au monde entier. La chambre dans laquelle a habité lord Byron est autant visitée que le palais des Doges.

» Lorsque l'Arménie sera rendue à la vie et à la liberté, elle sera, comme au XIe siècle, la plus sûre et fidèle amie et alliée des nations gréco-latines.

» Le jour où la France, l'Italie et l'Espagne auront compris leurs véritables intérêts et leur mission historique, elles ne tarderont pas à tendre une main fraternelle à la malheureuse Arménie, à aider l'émancipation des opprimés de l'Orient, et à y faire triompher les principes de la liberté et de la justice. »

DISCOURS DE M. CASTELAR

MESSIEURS,

J'aurais vivement désiré pouvoir m'exprimer devant vous en espagnol ; mais, je ne le puis pas, à cause de la difficulté qu'auraient plusieurs d'entre vous à me comprendre. Je préfère employer la langue française, bien qu'elle me soit moins familière ;

mais, vous comprendrez tous que si je devais m'arrêter à des questions de forme, je ne serais qu'un rhétoricien ; or, j'ai la rhétorique en horreur.

Les idées ont fait les sociétés modernes.

Du moment qu'une idée juste et humanitaire est exprimée, on peut être certain qu'elle arrivera à s'implanter, parce qu'il y a une certaine force logique qui la pousse en avant.

Arméniens, vous voulez avoir une patrie, vous l'aurez, j'en suis sûr.

Il y a moins d'un siècle, toutes les idées justes et généreuses étaient, en Espagne, en butte à la persécution. J'ai vu la censure s'acharner sur la conscience de mon pays et j'ai connu une époque où c'était un crime, dans ma patrie, que de réclamer la liberté de la conscience et la libre expression de la pensée humaine.

On la voulait bâillonner, cette pensée ; on l'emprisonnait, on l'exilait même. Mais, cependant, elle se répandait partout.

Oui ! La pensée était enchaînée et, néanmoins, elle retentissait comme une sorte de voix céleste !

Savonarole, Giordano Bruno, Servet ont été brûlés ; mais, des flammes de leurs bûchers a jailli une sorte de semence du progrès qui a germé et qui nous éclaire maintenant comme un soleil splendide.

Autrefois, pour créer des peuples, pour fonder des nationalités, il fallait employer l'instrument de la guerre. Aujourd'hui, il suffit de parler et de s'adresser à la conscience publique. C'est ainsi que nous avons vu des nations fondées par la seule parole de l'Europe et avec le concours de tous les grands sentiments, de toutes les grandes idées qui sont comme l'âme, l'esprit et l'élément de la vie.

Eh bien ! mes amis, avez-vous une nationalité ?

— Oui !

— Oui, vous avez une nationalité, vous autres, Arméniens. Je m'en suis bien convaincu, surtout lorsque j'ai visité, à Venise, votre célèbre académie des Pères Mékhitaristes, de Saint-Lazare.

Lorsque j'ai vu ces grands prêtres, lorsque j'ai vu tous ces savants et qu'ils m'eurent fait visiter leur école, où les jeunes Arméniens s'instruisent avec ardeur, leur belle imprimerie et leur grande bibliothèque; lorsque j'ai vu leur musée et tant d'antiques manuscrits, il m'a semblé que je voyais toute la civilisation et toute la gloire de l'Arménie.

Pour posséder une nationalité réelle, il faut commencer par en avoir eu une idéale. Vous l'avez.

Il y a trente ans, l'Italie n'avait de réalité que dans l'idée des penseurs, des fidèles et des artistes. Et, il y a moins d'un siècle, la Grèce, ce flambeau de l'humanité d'autrefois, n'existait même pas. Aujourd'hui, nous avons passé de l'idée à la réalité.

Il en a été de même pour la Bulgarie, pour la Serbie et la Roumanie, que, dans l'espace d'une génération, nous avons vues arriver à l'état de nations reconnues par toute l'Europe.

Il dépend de l'Arménie d'arriver au même résultat.

Elle n'a, pour cela, qu'à vouloir fortement.(*Bravos.*)

Il ne faut, néanmoins, pas se faire d'illusions.

Les difficultés sont grandes, car il pèse sur l'Arménie une sorte de fatalité. Mais la liberté finira par l'emporter sur la fatalité; j'en ai l'intime conviction.

L'homme est libre et il peut très bien, avec l'idée, tuer les efforts de tous les despostes de la terre. (*Applaudissements.*)

Les nationalités ont été créées aux prix de difficultés énormes: elles ont été, en quelque sorte, un miracle produit par la Révolution universelle.

Il y a à peine trois siècles, la France et l'Espagne étaient simplement des pays gouvernés par des despotes. Elles formaient des collectivités sans âme et sans conscience. Ce n'étaient pas des nations, car, un pays qui n'a pas de liberté n'est pas une nation.

Vous savez ce qu'était la liberté au moyen âge, en Italie, la plus libre alors des nations chrétiennes. Il existait bien quelques villes libres comme Florence, Pise ou Venise; mais il n'y a pas eu de nation libre durant tout le moyen âge. Les villes libres étaient à la merci du pape ou de l'empereur.

On n'avait pas encore l'idée toute moderne d'une nation s'appartenant à elle-même et fondée sur la liberté et sur le droit.

Eh bien! messieurs, si vous vous reportez à cette époque où la France, l'Espagne et l'Italie étaient des empires avec des despotes au-dessus de l'humanité et des peuples au-dessous, vous devez être rassurés sur votre avenir.

En présence de la sympathie de l'Europe qui vous est acquise, en présence du réveil des peuples qui vous entourent, vous pouvez dire, avec confiance : « J'appartiens à une race asservie, à un peuple esclave ; mais j'appartiens aussi à la race des héros destinés à sauver leur patrie. »

Oui! elles seront bien heureuses, les générations à venir, car elles ne connaîtront ni l'esclavage, ni l'inquisition, ni la monarchie avec ses tyrans... Mais elles n'auront pas, comme nous, le bonheur de les combattre, en répandant partout l'idée et la splendeur de la liberté.

Je sais qu'il est difficile à une nationalité de s'affirmer dans la situation actuelle de l'Europe, en présence d'une race qui se croit la plus grande parce que, militairement, elle est la plus forte, et en face d'un empire, à demi-asiatique, qui a persécuté la Pologne et étouffé la démocratie. Mais ce n'est point là une raison suffisante pour se désespérer.

Les anciens dieux et les anciennes philosophies se sont transformés dans cette Asie-Mineure, qui est la grande et illustre mère de l'ancienne Grèce... Vous avez été écrasés entre trois empires : la Perse, la Turquie et la Russie, et vous avez été, suivant la parole de l'un de vos grands écrivains, la Pologne de l'Asie.

Amis arméniens !

Vous avez été déchirés : les morceaux de votre empire ont été jetés en pâture aux trois despotes, et vous êtes maintenant sans nationalité, sans vie et sans unité de gouvernement.

Eh bien! cette situation, qui est la vôtre aujourd'hui, a été longtemps celle de l'Europe. Vous devez donc espérer et penser qu'à votre tour, vous arriverez à vous faire une patrie.

Les nations latines ont de grands devoirs envers vous. Aujourd'hui, en effet, quand vous parlez de l'empire grec, des doges de Venise, des rois de Castille ou de France, des anciens héros des Croisades, il semble que vous fassiez allusion à votre propre famille, car nous appartenons tous à cette grande patrie idéale qui a été formée par dix-neuf siècles d'efforts et qui finira par être une patrie matérielle dans laquelle, depuis l'Asie-Mineure jusqu'à Cadix, entreront tous les peuples de la Méditerranée.....

Amis arméniens,

Je connais vos justes plaintes; on nous les a résumées très éloquemment. Je sais que la Russie a de grandes ambitions et que les Mongols, de même que les Persans, tiennent à vous garder... Mais, je sais aussi que l'Europe vous a entendus.

Cependant, il ne suffit pas d'avoir écrit l'article 61 du traité de Berlin, en 1878, — il faut encore en faire une réalité.

Vous avez réclamé une autonomie administrative avec des gouverneurs chrétiens et une gendarmerie indigène.

Il y a un engagement pris par l'Europe : ne vous découragez pas. Insistez, agissez... et vous serez vainqueurs.

Il faut croire d'abord et agir ensuite...

Nous avions dans notre pays une vieille devise : *Dieu et la liberté!*...

Nous y sommes restés fidèles et nous avons vaincu... Il en sera de même pour vous, si vous agissez de même. (Explosion d'applaudissements.)

Dieu représente pour vous la justice idéale, le droit éternel. La liberté, c'est la force avec laquelle vous soumettrez la nature.

Croyez, agissez et comptez sur nous, bien que nous n'ayons à vous offrir que notre parole et notre plume.

Mais vous avez encore d'autres défenseurs en Europe. N'oubliez pas que les écrivains qui ont pris la défense des peuples opprimés en Orient et en Occident ont réussi à faire une cause universelle de la cause des petits peuples. Rappelez-vous qu'un grand ministre anglais a fait la Bulgarie presque avec une seule parole, et, récemment encore, souvenez-vous-en, la République française, que l'on croyait isolée et forcée de suivre les autres puissances, la

République française s'est levée en face de l'Europe
et a refusé d'agir contre la juste prétention et le
noble idéal de la Grèce.

Après avoir vu tout ce qui a été fait pour ce pays,
soit par Gambetta, quand il était au pouvoir, soit
par le président du Conseil actuel, nous devons
croire que les autres hommes d'Etat français feront
aussi quelque chose en votre faveur.

Mais vous pouvez encore compter sur d'autres
amis puissants. Lorsque le parti libéral en Angleterre reviendra au pouvoir, et j'espère qu'il reviendra, il faut espérer que M. Gladstone, lui qui par
une simple lettre a tant fait pour l'émancipation de
la Bulgarie, voudra que l'Angleterre fasse aussi
quelque chose, quelque chose d'effectif pour l'Arménie.

Le grand centenaire de la Révolution française
sera pour nous plus qu'un souvenir historique. Ce
sera une source de grandes espérances pour l'avenir.

Aussi longtemps qu'il existera, au centre de l'Europe, une France libre, progressive, républicaine, nous
devons avoir une grande confiance dans l'avenir,
et ne désespérer jamais de la liberté des peuples.

Amis de tous les pays méditerranéens, nous ver-
rons, en 1889, le *Congrès latin* dans la capitale na-
turelle du monde latin se réunir à Paris ; et, alors,
en présence des ambassadeurs des nations libres et
regardant les peuples émancipés, nous parcourrons
le Champ de Mars, où la Fédération a été célébrée,
et nous dirons aux Arméniens :

« Ne vous découragez pas; ne désespérez pas de
votre avenir, de votre liberté et de votre patrie. La
France nous donnera l'exemple. Elle n'aura qu'à parler et toutes les chaînes seront brisées, car la parole
de la France sera le verbe de l'humanité qui réunira
tous les peuples dans la fraternité universelle ».

... Nous n'essayons point de retracer l'enthousiasme inspiré à toute l'assistance par ces éloquentes,
opportunes et judicieuses paroles. Il y a des scènes
indescriptibles et, ce soir-là, bien sûr, les salons du
Café Riche furent le théâtre de l'une de ces scènes
inoubliables... Que l'imagination du lecteur supplée
donc à l'insuffisance d'un compte rendu forcément
trop aride et trop écourté...

REMERCIEMENTS DE M. J. BROUSSALI

Secrétaire de l'Association patriotique arménienne.

MESSIEURS,

Je remercie l'éminent orateur M. Castelar dont la parole éloquente éveille partout un sympathique écho.

Les applaudissements que vous venez de lui prodiguer en sont la preuve.

Nous espérons tous que le centenaire de la Grande Révolution de 1789 verra l'Arménie autonome et libre.

Messieurs, je bois à Emilio Castelar; je bois à la France qui a consacré les droits de l'homme et qui a travaillé de tout temps à l'émancipation et à l'affranchissement des peuples. Je bois à la santé du Président de la République française, au vénéré M. Grévy. (Bravos et applaudissements.)

A la suite de ces différents discours M. Albert Saint-Paul a donné lecture de la poésie suivante qu'il avait composée pour la circonstance et dans laquelle il fait maintes allusions aux vicissitudes passées et présentes de la malheureuse nation arménienne.

Le jeune et sympathique poète a été vivement applaudi.

A L'ARMÉNIE

Ah ! toute nation bénit qui la délie !
Sauvons ce peuple ! Osons être grands !...
VICTOR HUGO (*Ruy Blas*, acte III, scène V).

I

Pour ton âme qu'on a meurtrie,
Pour le cœur de tes indomptés,
Pour leur amour de la Patrie
Et ses malheurs immérités !
Toi que nul des tiens ne renie,
Je veux dans la plainte infinie,
Te chanter, te plaindre, Arménie !
Car tes enfants, nous les aimons.
Et c'est notre soleil de France
Qui fait briller dans leur souffrance,
La sainte et sublime Espérance
Planant au-dessus de tes monts.

II

Jadis, quand tes plaines fertiles
Rayonnaient libres au soleil,
L'amour, ce sylphe des idylles,
Venait tremper son pied vermeil
Dans tes lacs, tes ruisseaux, tes fleuves.
Alors seules pleuraient les veuves;
Et les passions, étant neuves,
Ne te brûlaient pas de leur feu
Et se taisaient — calmes compagnes —
Au fond de tes vertes campagnes
Où tombaient du haut des montagnes,
Les rayons d'argent du ciel bleu.

III

Tel que les vieillards des chaumières
Qu'il portait sur son flanc fécond,
Le Taurus baigné de lumières
Apparaissait, la neige au front.
Et se déroulant par les plaines,
Semblables à deux riches traînes
De moire, et de murmures pleines
Coulaient, tortueuses, les eaux
De l'Euphrate et du Tigre; — et, lentes,
Passaient des troupes ambulantes,
Qui, sous des murailles croulantes,
S'endormaient au chant des oiseaux.

IV

Puis, quand le couchant est en flammes,
Près des ruisseaux aux flots menus,
S'avançaient les enfants, les femmes
Pour puiser l'eau, pieds et bras nus.
Et, sous les branches agitées,
Que de chansons étaient chantées,
Par le vent du soir emportées !
Que de rires perlaient, éclos
Sur de bien amoureuses lèvres,
Et que, par les champs de genièvres
Où paissaient les troupeaux de chèvres,
Répétaient d'espiègles échos.

V

Ainsi qu'un aigle à des murailles
Cloué par de cruels chasseurs,
Hélas ! hélas ! jusqu'aux entrailles
Le javelot des oppresseurs
T'a pénétrée et, par le nombre
Vaincue, Arménie, — ô nuit sombre ! —
Tu t'es endormie en cette ombre,
Noir chaos des oppressions !
Mais ton œuvre n'est pas finie,
Arménie, encore Arménie,
Reprends — et tu seras bénie ! —
Ton rang parmi les nations.

VI

Courage ! Tu dois vivre encore !
N'est-ce pas du ciel d'Orient
Que la majestueuse Aurore
Chasse la Nuit en souriant ?
Courage ! au ciel de l'Espérance
Luit l'aurore de la vengeance !
— Défendant ton indépendance,
Avaraïr vit mourir Vartan, (1)
Hourra ! la servitude blesse !
David, prince de la noblesse,
Sut faire lutter sans faiblesse
Soixante mille combattants.

VII

Ton orgueil, Arménie, est digne
De notre fidèle amitié ;
Et ton sol qu'un tyran trépigne
A bien droit à quelque pitié.
Pauvre terre ! vieilles vallées
Que, dans d'héroïques mêlées
N'ayant pu vaincre, on a volées,
Nous tressaillons à la fierté

---

(1) Vartan, un des vaillants défenseurs de l'indépendance nationale de la Grande-Arménie, fut tué avec plus d'un millier de ses compagnons d'armes, à la bataille d'Avaraïr qu'il livra au roi de Perse, le 2 juin 451. Chaque année les Arméniens célèbrent l'anniversaire de cette bataille mémorable.

(J. Broussali. — *Revue française*. Tome III, p: 202).

Des montagnards de ton Histoire
Qui chantent en chant de victoire (1)
La défense du territoire
Et de l'antique liberté! (2)

VIII

Ils portent dans leurs cœurs sublimes
La haine du Caïmacam, (3)
Et les souvenirs magnanimes,
De Shamir et Jean Amir-Khan, (4)
Et, dans les roches escarpées,
Songeant aux vieilles épopées,
Aux chocs des fidèles épées,
Au respect du terrain sacré,
Leur âme, ô Nation, te pleure!
— Oh! quand donc viendra-t-elle l'heure
Où la Victoire criera : Meure
Le Kurde! le Kurde exécré!

---

(1) Garabed, le Kaïa, dit à son tour :
— « Libre Montagnard, c'est à moi, gardien de Zeïthoun, de défendre
le chemin de la Liberté.
» A moi, mes fils, à moi!
» Ayons foi en Dieu et montrons-nous dignes de nos ancêtres en
abaissant l'orgueil du pacha exécré... »
(Chant de victoire des montagnards de Zeïthoun après la bataille
de 1859.)

(2) Dans quelques régions montagneuses, l'Arménie conserva longtemps une certaine indépendance. Les descendants des anciennes familles féodales, les Méleks et les Montagnards y soutinrent à plusieurs reprises et avec succès des guerres de partisans.
(J. Broussali. — *Revue française*. T. III, p. 206.)

(3) A Zeïthoun, dans les montagnes inaccessibles du Taurus, une poi-
gnée d'Arméniens, trente mille hommes environ, conservèrent jusqu'à
ces derniers temps une indépendance complète, défiant les armées enne-
mies qui se succédaient dans les plaines avoisinantes. Quand Méhémet-
Ali d'Égypte fit la conquête de la Syrie, lui-même ne réussit pas à ré-
duire ces fiers montagnards de la Cilicie.
(J. Broussali. — *Revue française*. T. III, p. 207.)

(4) SHAMIR, riche négociant arménien de l'Inde anglaise. Dans la der-
nière moitié du XVIIIe siècle, il acheta, pour une somme énorme, à
Georges XII et à Héraclius II, rois de Géorgie, la province de Lori, dans
la Grande-Arménie, avec la pensée d'en faire le noyau de la nation.
JOSEPH-JEAN AMIR-KHAN, riche négociant arménien et propriétaire de
Java. Il proposa, le 20 octobre 1829, au gouvernement russe, de lui cé-
der *500.000 francs, revenu annuel de ses fonds*, à la condition que l'empereur Nicolas consentirait à former de l'Erivan et du Nakhitshvan,
provinces de l'Arménie qui venaient d'être enlevées à la Perse (1827), une
principauté arménienne placée sous sa protection. Cette offre généreuse
fut repoussée par le czar.
(J. Broussali. — *Revue française*. T. III, p. 206.)

IX

Arrière le joug de supplice
Dont veut t'accabler l'étranger !
La révolte est une justice
Quand c'est le sang qu'on doit venger.
Affranchis-toi de l'esclavage !
Tu n'es pas morte et ton courage
Se relèvera sous l'outrage,
Esclave de l'usurpateur !
Toute douleur a sa limite,
Vienne le grand jour où s'acquitte
Le miracle du saint Ermite,
Grégoire l'illuminateur ! (1)

X

En ce jour de justes colères
Où renaîtront les libertés,
Nous nous souviendrons de vos frères
Tombés pour nous à nos côtés. (2)
La France marche avec les braves ;
Et quand les braves sont esclaves
Elle va briser leurs entraves !
L'Arménie aura son Cyrus.
Montagnards, jetez haut l'audace
De votre superbe menace !
L'indépendance est une race
De tes vieux flancs, géant Taurus.

ALBERT SAINT-PAUL.

---

(1) Saint Grégoire-l'Illuminateur vivait retiré dans les solitudes du mont Sébouh. Il y reçu la visite du roi Tiridate qu'il avait converti au christianisme. Le roi portait une épée, présent du grand Constantin. Le saint la prit, l'éleva en l'air et, par la vertu du signe de la croix qu'il fit sur elle, l'épée resta suspendue dans l'espace. Alors saint Grégoire pro-nonça ces paroles prophétiques : « *Lorsque la race des braves, la nation des Francs arrivera, la croix apparaîtra sur le sommet de la montagne.* » — Cette parole est restée pour les Arméniens le gage du salut national et, à travers toutes les vicissitudes de leur histoire, leurs regards ont toujours été tournés vers l'Occident.

(J. Broussali. — *Revue française*. T. III, p. 513.)

(2) En 1870, les Zeithouniotes envoyèrent, sur l'initiative des Armé-niens de Roumanie, un petit corps de volontaires pour combattre au service de la France.

(J. Broussali. — *Revue française*. T. III, p. 207.)

Étaient présents au punch offert à M. Émilio
Castelar.

MM. Emilio Castelar; A. Calzado; M.-A. Gromier; R. Raqueni; Armand Lévy; Abou-Naddara; Albert Saint-Paul;
Dᵣ Henry Liouville, député; comte de la Boissière, agent et
correspondant du *Courrier-Journal* (Etats-Unis); Louis Macon,
directeur de la *Correspondance helvétique* et secrétaire de l'*Association syndicale de la Presse étrangère* à Paris; Auguste Meulemans, consul général, directeur de la *Revue diplomatique,
Moniteur des Consulats*; Jules Meulemans; Albert Rivière, ancien magistrat à la Cour de cassation; Louis Rivière; Gustave
Engelhardt, licencié en droit; Mathias St.-Boschkovitch, étudiant
serbe en droit; Joseph Rodriguez Moralès, avocat espagnol et
correspondant du journal *El Impartial* de Madrid; C.-R. Re-
sasco, délégué de l'*Association syndicale de la Presse étrangère*,
correspondant de la *Gazzetta piemontese*; Dém. Georgiadès;
Dém. Zacchiri; D.-S. Sgouta; C. Pra; A. Vlasto; Jean-Paul
Roux, directeur de la *Revue universelle*; Léandre Calderon,
correspondant du journal de Madrid, *El Diario espanol*; Carreyo
et F. Prieto Pazos, correspondants du journal *El Dia* de Madrid;
E. Curé, inspecteur vérificateur à *la Foncière* (Assurance sur
la vie); A.-S. Morin; Eugène Goldberger; Coint-Bavarot; Gabriel
Jouaust; Hilaire Lund; A.-E. Badaire, directeur de la *Correspondance parisienne*; Aimé Bouvier; Martin de Olias; Berri,
correspondant d'*Il Diritto*; Brandès; Leïssens; F. de Sandoval;
Carolus Duran, peintre; Henry Alline; Albert Tillet, rédacteur
au journal *le Temps*; le représentant du journal *Les Débats*;
Strauss, du *Voltaire*; Michel Kanner, du *Gaulois*; D'Antin, du
Constitutionnel; le reporter de *la République française*; Galli-
chet, de l'*Evénement*; V. Beau, de l'*Agence Havas*; le reporter
du journal *le Siècle*; le reporter du journal *la Liberté*; Cartil-
ler, du *Gil Blas*; Scalisi; Henrique, du *XIXᵉ Siècle*; Col.
Connolly; Jules Cardane, du *Soleil*; le reporter de *la Petite
République française*; Menozzi; Ed. Laferrière; Ch. Touchet;
Caponi; Chassin; le représentant du *Figaro*; le représentant
du *Matin*; le représentant de *la Justice*; Brindza; Starding;
Louis Thiabaud, ancien sous-préfet, directeur de la *Correspondance italienne de Paris*; Calinesco Grégoire; Ernest Guelaud, sténographe du Sénat; Thibault; Crafford, du *Daily
News*; etc., etc. et MM. les membres de l'*Association patriotique
arménienne*.

En tout près de 100 personnes.

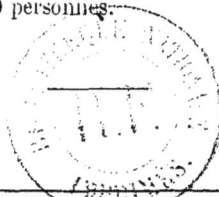

IMPRIMERIE CENTRALE DES CHEMINS DE FER. — IMPRIMERIE CHAIX.
RUE BERGÈRE, 20, PARIS. — 3446-7.

www.ingramcontent.com/pod-product-compliance
Lightning Source LLC
Chambersburg PA
CBHW071009280326
41934CB00009B/2233